Titel der Originalausgabe
Football Skills
Zuerst veröffentlicht 2005 in Großbritannien
von Kingfisher Publications Plc

Deutsche Erstausgabe

Lektorat: Russell Mclean
Design und Bildrecherche: Dominic Zwemmer, Cee Weston-Baker
Illustration: Mike Buckley, Malcolm Parchment
Stichwortverzeichnis: Jennie Morris
Koordination und Bearbeitung der deutschen Ausgabe:
NEUMANN & NÜRNBERGER NAUNHOF GmbH
Übertragung ins Deutsche: Regina van Treeck, Naunhof

Bildnachweis: Seiten 3, 7, 13, 17, 21, 25, 27, 29, 30, 33, 35, 39 und 45 Empics/PA;
Seiten 6 und 23 Corbis/Reuters; Seite 31 Getty Images Sport

Umschlagmotiv: Corbis/Dusko Despotovic

Wir möchten darauf hinweisen, dass das Bild in keiner Weise den Eindruck erwecken soll, als stünden David Beckham, seine Repräsentanten oder irgendwelche Personen oder Organisationen aus seinem Umfeld in Verbindung mit dem Inhalt dieses Buches.

Umschlaggestaltung: Atelier Lehmacher, Friedberg (Bay.)

Gesamtherstellung: Tims Printing Company Ltd., Hong Kong

Printed in China

ISBN 3-8289-6042-1

Die im Buch angegebenen Website-Adressen sind zum Zeitpunkt der Veröffentlichung korrekt. Es wird darauf hingewiesen, dass sich diese Adressen und ihr Inhalt ändern können. Websites können Links enthalten, die nicht geeignet für Kinder sind. Der Verlag kann nicht für die Änderungen von Website-Adressen, ihren Inhalt oder die von Websites Dritter erhaltenen Informationen verantwortlich gemacht werden. Wir empfehlen, dass eine Internet-Recherche unter Aufsicht eines Erwachsenen erfolgt.

Clive Gifford

Die besten Fußballtricks

Weltbild

Inhalt

Los geht's!

Spieltechniken

Stellung und Spiel

Taktik und Standardsituationen

Anhang

Anstoß

Fußballspielen ist weltweit die Mannschaftssportart Nummer Eins, und das aus gutem Grund. Es ist ein faszinierendes Spiel voller Aktion, das Millionen Menschen selbst spielen oder als Zuschauer verfolgen. Die Spitzenkicker gelten in aller Welt als Superstars. Es steht aber jedem frei seine Spieltechniken zu verbessern – und seiner Mannschaft zum Sieg verhelfen.

Vorbereitung

Wärm dich vor jedem Spiel durch Laufen, Springen, Hock-Streck-Sprünge und Joggen mit fast ans Gesäß schlagenden Fersen auf. Das lässt dein Blut richtig durch den Körper zirkulieren. Nach dem Aufwärmen dehnst du deine Muskeln um Verletzungen vorzubeugen. Halte eine Dehnstellung stets einige Sekunden lang und wiederhole sie mehrmals.

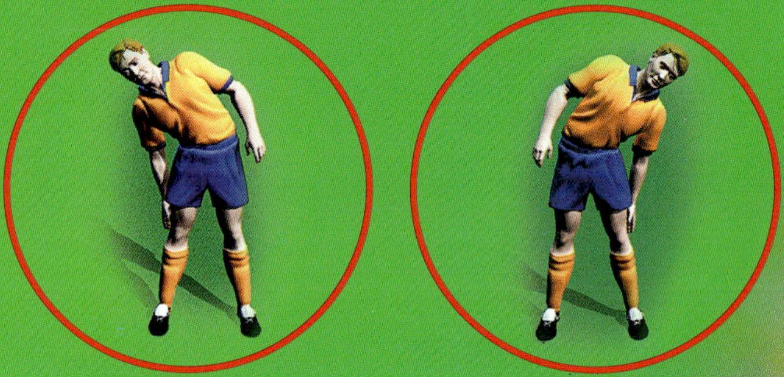

▲ Seitliche Dehnung

So sieht die seitliche Dehnung aus. Stelle dich mit gespreizten Beinen auf und strecke einen Arm an der Seite langsam so weit nach unten, wie du kannst. Halte die Dehnstellung und dehne dann deine andere Körperseite.

▲ Oberschenkeldehnung

Diese Bewegung dehnt deine Oberschenkelmuskeln. Ziehe dein Bein langsam nach hinten und halte die Stellung, während du bis zehn zählst.

Die Spielkleidung

Bei einem Pflichtspiel (Punkt- oder Pokalspiel) trägst du Fußballtrikot, Sporthose und Stutzen. Schnalle dir als Trittschutz Schienbeinschützer an die Unterschenkel. Trage Fußballschuhe aus weichem Leder. Die Schuhe müssen bequem sitzen und das Fußgelenk stützen. Du brauchst außerdem eine Wasserflasche und einen Trainingsanzug, der dich warm hält, wenn du gerade nicht spielst.

▲ Stürmerstar

Der ukrainische Stürmer Andrij Schewtschenko spielt in Italien für den AC Mailand. Hier bringt er mit einem Sprung den Ball unter seine Kontrolle. Mehr über Ballkontrolle erfährst du auf den Seiten 12–13.

Tipps

- Halte deine Spielkleidung und deine Fußballschuhe stets in Ordnung.
- Haben deine Fußballschuhe Schraubstollen, prüfe vor jedem Spiel, ob alle Stollen fest sitzen.
- Trinke beim Training oder beim Spiel öfter kleine Mengen Wasser.

Spielfeld und Spieler

Das Spielfeld ist der Platz, auf dem das Fußballspiel stattfindet. Das Großfeld ist rund 100 Meter lang und 65 – 70 Meter breit. Jede Mannschaft tritt mit elf Spielern an, die sich in einer Grundordnung aus Abwehr-, Mittelfeld- und Angriffsspielern aufstellen (siehe Seite 38). Sie absolvieren zwei Halbzeiten von jeweils 45 Minuten Dauer sowie eine Nachspielzeit, die sich aus Spielunterbrechungen ergibt. Während des Spiels kann der Trainer einer Mannschaft einen oder mehrere Spieler gegen Ersatzspieler auswechseln.

▲ Eckstoß
Geht der Ball über die Torlinie, wird das Spiel mit einem Abstoß oder einem Eckstoß fortgesetzt. Hier zeigt der Schiedsrichterassistent einen Eckstoß an.

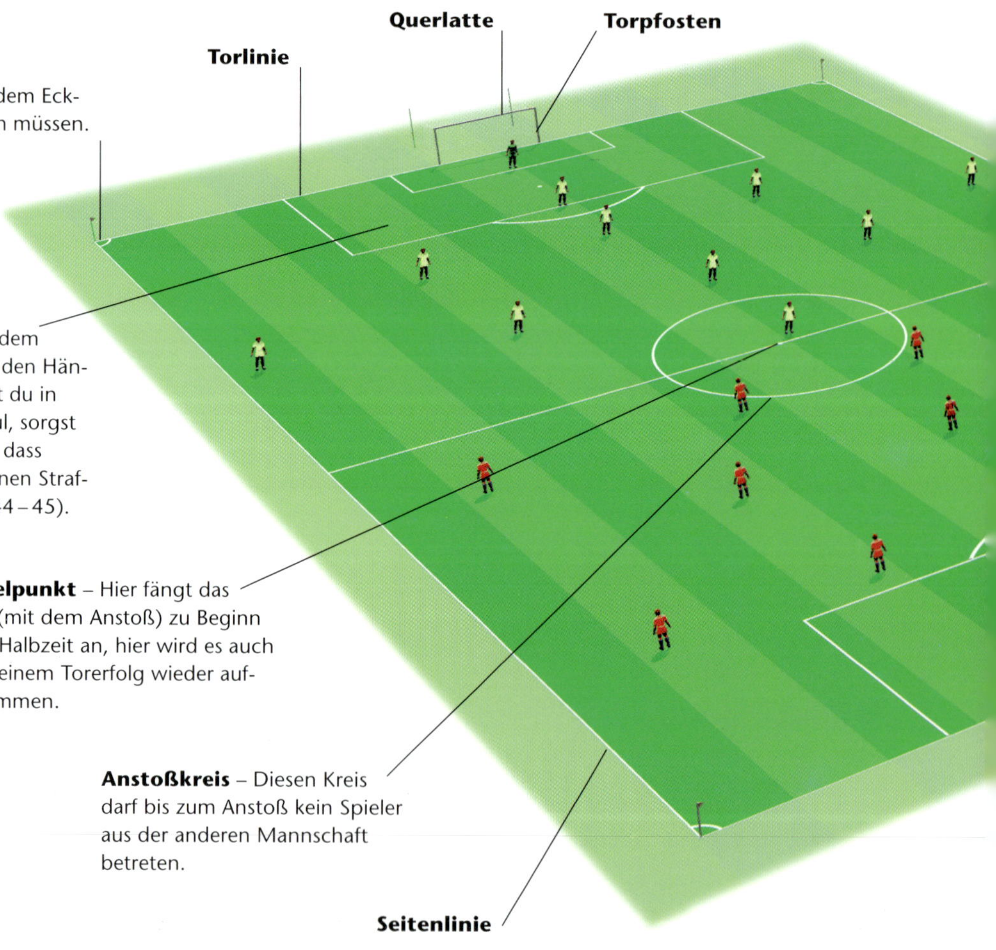

Ball im Spiel

Ball im Aus

Im Spiel oder im Aus?

Befindet sich der Ball auf dem Spielfeld, sagt man, er ist im Spiel. Rollt, springt oder fliegt der Ball aus dem Spielfeld hinaus, ist er im Aus. Ein Ball gilt erst dann als Ausball, wenn der Ball ganz über die Linie gegangen ist.

Tor

Kein Tor

Kein Tor

Kein Tor

Tor oder kein Tor?

Der Schiedsrichter gibt nur dann ein Tor, wenn der Ball ganz die Linie zwischen den Torpfosten überquert hat. Hier geht nur der oberste Ball ins Tor.

Mittellinie – Linie, die das Spielfeld in zwei gleich große Spielflächen teilt. Die Spieler dürfen ihre Spielfeldhälfte erst nach einem Anstoß verlassen.

Elfmeterpunkt – Strafstoßmarke, von der aus die Strafstöße ausgeführt werden.

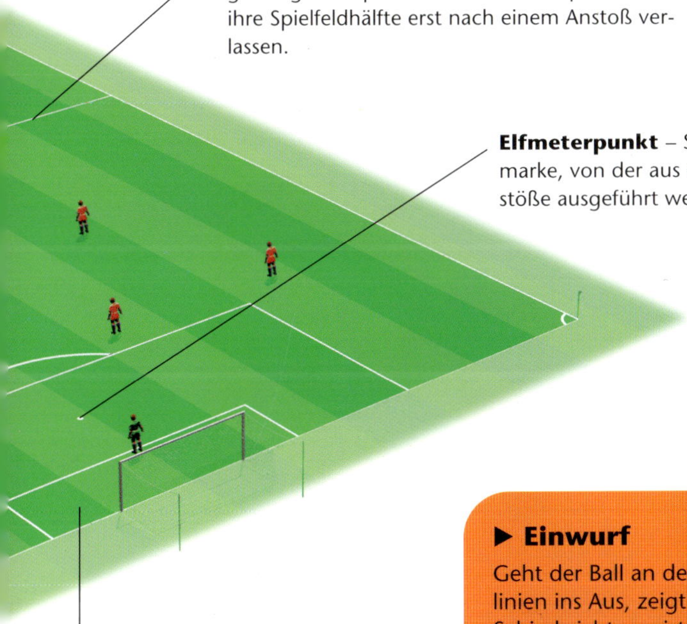

Torraum – Bereich, in dem die Abstöße ausgeführt werden müssen.

▶ Einwurf

Geht der Ball an den Seitenlinien ins Aus, zeigt der Schiedsrichterassistent einen Einwurf an. Er weist mit der Handflagge auf das Tor, das von der einwerfenden Mannschaft angegriffen wird.

Schiedsrichter und Regeln

Vorteil

Wirst du in einer guten Spielposition gefoult, kann der Schiedsrichter weiterspielen lassen statt einen Freistoß zu geben. Das nennt man auf Vorteil entscheiden. Diese Entscheidung zeigt der Schiedsrichter wie oben an.

Das Spiel wird vom Schiedsrichter und von den Schiedsrichterassistenten geleitet. Die Schiedsrichterassistenten beurteilen, ob der Ball ins Aus gegangen ist und welche Mannschaft den Ball zuletzt berührt hat. Der Schiedsrichter pfeift um das Spiel zu unterbrechen, wenn ein Spieler im Abseits steht oder einen Regelverstoß begeht. Regelverstöße oder Fouls sind Handspiel, einen Gegner stoßen, zu Fall bringen oder treten, am Trikot ziehen und Beschimpfungen. Für ein schweres Foul im Strafraum vergibt der Schiedsrichter einen Freistoß oder einen Strafstoß.

Gelb und Rot

Eine gelbe Karte bedeutet eine Verwarnung. Erhältst du in einem Spiel zwei gelbe Karten oder begehst du einen schweren Regelverstoß wie etwa gefährliches Foulspiel, zeigt dir der Schiedsrichter die rote Karte. Du musst das Feld für den Rest des Spiels verlassen. Deine Mannschaft muss in Unterzahl weiterspielen.

▲ Foulspiel

Dieser Spieler spielt absichtlich regelwidrig und gefährlich, um einen Stürmer aufzuhalten, der eine klare Chance auf einen Torerfolg hat. Für diese Art Foul zeigt der Schiedsrichter oftmals die rote Karte.

Signal für eine Abseits-stellung

Abseits

Gibt ein Mannschaftskamerad den Ball nach vorn ab, müssen sich zwei gegnerische Spieler entweder auf gleicher Höhe mit dir oder zwischen dir und ihrem Tor befinden. Ist das nicht der Fall, kann der Schiedsrichter eine Abseitsstellung pfeifen und der anderen Mannschaft einen Freistoß geben. Die Abseitsregel gilt nicht, wenn du

- in dem Moment, da der Ball gespielt wird, hinter dem Ball bist;
- den Ball direkt von einem Einwurf, Eckstoß oder Abstoß annimmst;
- dich in deiner Spielfeldhälfte befindest;
- nach Auffassung des Schiedsrichters nicht am Spielgeschehen beteiligt bist oder aus deiner Position keinen Vorteil erlangst.

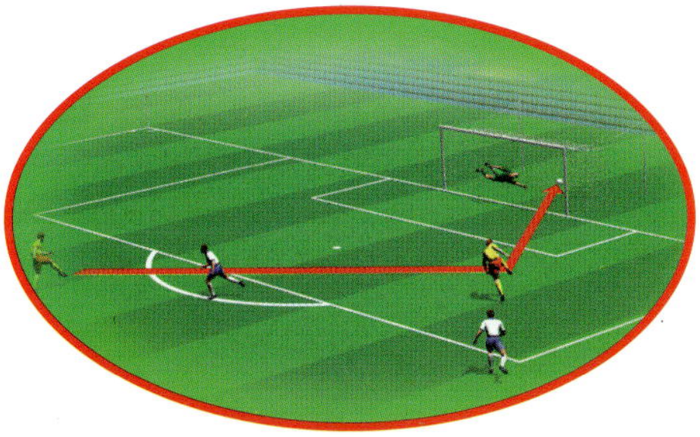

▲ Abseitsstellung

Der Torschütze befindet sich in dem Moment, da der Ball zu ihm gespielt wird, im Abseits. Das Tor wird nicht anerkannt, und die andere Mannschaft erhält einen Freistoß.

▲ Keine Abseitsstellung

Der Torschütze befindet sich vor dem Torhüter, doch zwischen ihm und dem Tor sind zwei Abwehrspieler. Er steht also nicht im Abseits.

▲ Nicht am Spielgeschehen beteiligt

Der Spieler in Gelb-Rot (gerade im Strafraum) ist nicht am Spielgeschehen beteiligt, während sein Mannschaftskamerad auf das Tor schießt. Der Schiedsrichter erkennt das Tor an.

▲ Keine Abseitsstellung

Du stehst nicht im Abseits, wenn du in dem Moment, da der Ball gespielt wird, hinter dem Ball bist. Hier ist der Torschütze nicht im Abseits, das Tor wird vom Schiedsrichter anerkannt.

Ballkontrolle

Oftmals fliegt der Fußball mit großer Geschwindigkeit auf dem Spielfeld umher. Mit einer Annahme kannst du den Ball unter deine Kontrolle bringen. Halte deinen Körper locker und ausbalanciert. Kommt der Ball, bewege den Teil deines Körpers, mit dem du das Leder annehmen willst, in der Bewegungsrichtung des Balls zurück oder nach unten. Das verlangsamt den Ball und verhindert, dass er wieder wegspringt.

Den Ball stoppen

Das Stoppen ist eine Methode einen rollenden Ball zu kontrollieren. Halte den Ball mit der Sohle deines Schuhs fest. Lass deinen Fuß nicht auf den Ball stampfen, denn dann könnte der Ball unter deinem Fuß wegspringen.

Annahme mit dem Fuß

1 Eine gute Methode einen über das Spielfeld anfliegenden Ball zu kontrollieren ist die Annahme mit der Fußinnenseite. Verlagere das Körpergewicht auf dein Standbein und halte dich mit den Armen im Gleichgewicht.

2 Kommt der Ball, hebst du deinen Fuß und versuchst den Ball mit der Fußinnenseite nach unten zu bringen.

3 Der Ball muss nach unten fallen, und du kannst ihn jetzt entweder an einen Mitspieler passen, kannst weiterlaufen und den Ball mitnehmen oder einen Torschuss ausführen.

Annahme mit dem Oberschenkel

Einen hoch einfallenden Ball kannst du mit dem Oberschenkel annehmen. Hebe den Oberschenkel fast parallel zum Boden an. Kommt der Ball, ziehst du das Bein nach unten um den Ball weich anzunehmen. Versuche, den Ball vor deine Füße fallen zu lassen.

Annahme mit der Brust

Hier kontrolliert Michael Ballack einen hohen Ball durch Annahme mit der Brust. Stelle deine Füße weit auseinander, so behältst du dein Gleichgewicht. Kommt der Ball, beuge dich zurück um ihn anzunehmen. Fällt das Leder vor dir auf den Boden, stelle deinen Fuß darauf, damit du es unter Kontrolle bekommst.

Tipps

- Kommt der Ball, begib dich möglichst schnell in deine Position. Behalte den Ball im Auge.
- Bring den Teil deines Körpers, der den Ball annimmt, kurz vor dem Auftreffen des Balles in Bewegung.
- Fällt der Ball, bring ihn mit den Füßen so schnell du kannst unter deine Kontrolle.

Annahme mit dem Spann

Du kannst einen fallenden Ball auch mit dem Vollspann annehmen. Der Spann ist der obere Teil deines Fußballschuhs, die Stelle, an der der Schuh geschnürt wird. Hebe deinen Fuß mit nach unten zeigender Fußspitze. Kommt der Ball, bewege deinen Fuß nach unten in Richtung Boden.

Ballabgabe

Die Technik, die du vor allem beherrschen musst, ist die Ballabgabe, auch Passen oder Zuspiel genannt. Sie verbindet die Fußballer auf dem gesamten Spielfeld und ermöglicht einer Mannschaft Angriffe aufzubauen. Übe das Passen so oft du kannst, indem du die Spitzenspieler nachahmst. Arbeite besonders fleißig mit deinem schwachen Fuß. Ein Spieler, der das Zuspiel mit beiden Füßen beherrscht, ist häufig Zweikampfsieger.

Verschiedene Pässe

Du kannst den Ball auf folgende Weise mit dem Fuß passen:

1 Mit der Innenseite führst du Innenseitstöße aus.

2 Mit dem Außenspann führst du kurze Zuspiele, lange Flanken und Torschüsse aus.

3 Mit der Oberseite deines Fußballschuhs führst du Vollspannstöße und Torschüsse aus.

Passen mit Innenseitstoß

Den Innenseitstoß führst du mit der Innenseite deines Fußes aus. Das ist die einfachste und am leichtesten zu kontrollierende Ballabgabe, da die Kontaktfläche zwischen Ball und Schuh größer ist als bei einer anderen Passart. Mit dem Innenseitstoß beförderst du den Ball über kurze oder mittellange Distanzen und führst Torschüsse aus kurzer Entfernung aus.

1 Stelle den Fuß deines Standbeins neben den Ball und beuge den Oberkörper leicht über den Ball.

2 Schwinge dein Spielbein und schiebe den Fuß mit der Innenseite durch die Ballmitte.

3 Schwinge dein Spielbein geschmeidig durch und halte den Blick beim Abspiel auf den Ball gerichtet.

Zuspiel im Anstoßkreis

Wichtig ist, dass deine Pässe ihr Ziel erreichen. Probiere das folgende Zuspieltraining aus: Vier Spieler stehen am Rand des Anstoßkreises, ein weiterer Spieler steht in der Mitte. Dieser Spieler bekommt den Ball zugespielt. Er dreht sich um und passt das Leder mit einem zielgenauen Innenseitstoß, so dass die angespielte Person nicht laufen muss, um den Ball anzunehmen und wieder abzuspielen.

◀ Abspiel unter Bedrängnis

Dieser Spieler hat, von einem Gegner bedrängt, den Ball mit einem guten Innenseitstoß abgegeben. Der Fuß seines Spielbeins schwingt durch, er zeigt in Richtung des Balles.

Weite Pässe

Der Vollspannstoß ist die häufigste Art des Zuspiels über längere Distanzen. Du kannst mit diesem Stoß auch Torschüsse ausführen. Der Fuß deines Standbeins steht neben dem Ball, der Oberkörper ist leicht über den Ball gebeugt. Lass die Fußspitze des Spielbeins nach unten zeigen und versuche mit der Schnürung deines Schuhs die Ballmitte zu treffen. Halte den Fuß gestreckt und die Fußspitze nach unten, wenn du dein Spielbein geschmeidig durch den Ball schwingen lässt. Der Fuß deines Spielbeins zeigt in die Abspielrichtung.

▶ Pass-Star

Brandi Chastain (USA) spielt aus der Bewegung heraus einen langen Pass mit dem Spann. Probiere aus, wie weit ein Pass geht, indem du dein Bein länger oder kürzer durchschwingst und das Spielbein schneller oder langsamer bewegst.

Flugball

Einen Flugball spielst du ähnlich wie einen Pass mit Vollspannstoß, nur fliegt hier der Ball höher und weiter. Damit führst du Flanken aus und klärst gefährliche Situationen.

1 Setze den Fuß deines Standbeins leicht nach hinten versetzt neben den Ball. Schwinge das Spielbein geschmeidig und mit nach unten zeigender Fußspitze.

2 Versuche die untere Ballhälfte zu treffen. Neigst du dich etwas nach hinten, kannst du den Ball höher schießen. Behalte den Ball im Auge.

3 Nachdem du den Ball getroffen hast, muss dein Fuß durchschwingen und sich leicht quer zum Körper bewegen. Übe diese Ballabgabe mit unterschiedlich dosierter Schusskraft.

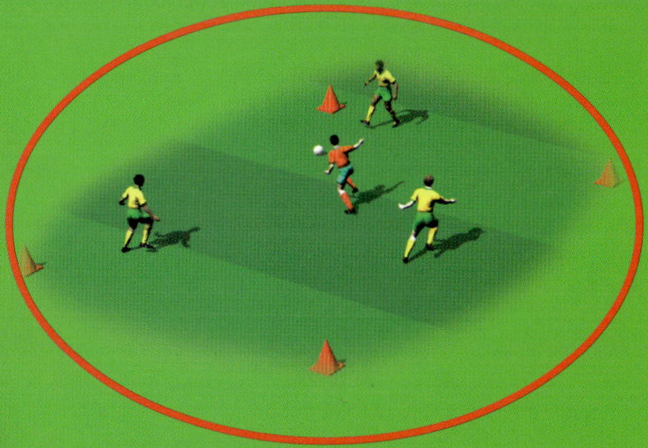

Drei gegen Einen

Zum Üben von Spann- und Innenseitstößen unter Bedrängnis wird mit vier Hütchen eine kleine Fläche abgesteckt. Eine Mannschaft aus drei Spielern muss den Ball so zuspielen, dass ein vierter Spieler nicht an ihn herankommt. Geht der Ball über die abgesteckte Fläche hinaus oder gelangt der vierte Spieler in den Besitz des Balles, wechselt er mit einem Spieler aus der Mannschaft.

Tipps

- Prüfe dein Ziel, kurz bevor du einen Pass ausführst.
- Versuche den Ball mit der richtig bemessenen Kraft zu treffen.
- Führe kürzere Zuspiele mit dem Innenseitstoß, weite Pässe mit dem Vollspannstoß aus.
- Trainiere alle Arten des Passens mit beiden Füßen. Übe mit deinen Freunden die Ballabgabe und -annahme.

Bewegung und Raum

Hast du einen Pass ausgeführt, stehe nicht da und bewundere ihn, sondern bewege dich. Halte Ausschau nach freien Räumen auf dem Fußballfeld, wo du einen Pass von einem Mannschaftskameraden annehmen kannst. Mit schnellem, genauem Zuspiel zwischen zwei oder mehr Spielern und mit Laufarbeit kann ein Spiel geöffnet und der Ball sehr rasch in die gegnerische Hälfte geschlagen werden.

▶ Doppelpass

Ein einfaches, aber sehr nützliches Zuspiel ist der Doppelpass, auch Wandspiel genannt. Hier gibt Spieler 1 den Ball an einen Mannschaftskameraden ab. Dann sprintet er an dem Gegenspieler in Rot vorbei und nimmt einen vor ihm ankommenden schnellen Rückpass an. Mit diesem Pass wird der Gegner ausgespielt.

Zuspiel im Dreier

Übe das Zuspielen und Laufen nach der Spielanleitung auf Seite 17 und auch mit diesem Dreiertraining. Bewege dich beim Zuspielen und Laufen mit zwei Mannschaftskameraden auf einem Spielfeld herauf und herunter. Bekommst du den Ball, schlage einen kurzen, zielgenauen Pass. Laufe dich dann schnell frei, um den Ball wieder anzunehmen.

Zuspielen und Laufen

Fußball ist ein Spiel mit rasch wechselnden Spielsituationen. Eine ausgezeichnete Anspielposition kann im Nu blockiert sein. Sei also wachsam und laufbereit, wenn du einen Pass annehmen willst. Schnelles Zuspiel aus der Bewegung heraus ist gar nicht so einfach. Meistens kannst du den Ball nicht dorthin spielen, wo der Mitspieler steht, sondern musst ihn an eine Stelle passen, wo der Spieler deiner Meinung nach ist, wenn der Ball ankommt. Du musst einschätzen können, wie schnell dein Mitspieler läuft und wie weit er entfernt ist.

Weglocken

Zum Weglocken des Gegners bewegt sich ein Spieler so, als wolle er den Ball annehmen, versucht in Wirklichkeit aber, einen Freiraum für einen Mannschaftskameraden zu eröffnen. Bei diesem Einwurf ist Spieler 1 in Richtung des einwerfenden Mitspielers gelaufen, ein Abwehrspieler ist ihm gefolgt. So ist weiter oben im Spielfeld ein freier Raum entstanden, in den ein weiterer Mitspieler zur Ballannahme laufen kann.

Fußball in der Halle

Zum Trainieren der Zuspiel- und Lauftechnik wird mit fünf Feldspielern je Mannschaft Fußball in der Halle gespielt. Hier setzt sich ein Spieler gegen einen Gegner durch, indem er die Begrenzungsmauer für einen Doppelpass nutzt.

1 Der Angreifer wird von zwei Abwehrspielern blockiert.

2 Er spielt den Ball gegen die Wand…

3 … und nimmt den abprallenden Ball an.

Dribbeln, Abschirmen und Eindrehen

Vom Dribbling spricht man, wenn ein Spieler mit dem Ball am Fuß läuft und dabei versucht die gegnerische Abwehr zu umspielen. Führe den Ball dicht am Fuß und halte ihn stets unter Kontrolle. Stoße das Leder im Lauf mit der Innen- und der Außenseite deiner Füße nach vorn. Um im Zweikampf zu siegen, musst du auch in der Lage sein den Ball abzuschirmen, einzudrehen und zu fintieren.

Fintieren

Fintieren heißt, dem Gegner eine bestimmte Bewegungsrichtung anzutäuschen und dann in eine andere Richtung einzudrehen.

1 Der dribbelnde Spieler (in Rot) täuscht eine Bewegung nach rechts an. Er neigt sich nach rechts und lässt die rechte Schulter abfallen.

2 Der Abwehrspieler macht einen Ausfall zur rechten Seite des Angreifers.

3 Der dribbelnde Spieler trickst den Verteidiger aus, indem er nach links eindreht und am Gegner vorbeidribbelt.

Das Abschirmen

1 Das Abschirmen ist eine Methode, mit der du unter Bedrängnis im Ballbesitz bleiben kannst. Dieser Spieler hat gerade in dem Moment, da ein Gegner heransprintet, einen Pass angenommen.

2 Der Spieler schirmt den Ball ab, indem er seinen Körper zwischen Ball und Gegenspieler bringt. Er muss den Ball eng am Fuß behalten und weiterlaufen.

3 Beim Abschirmen darf der Spieler seinen Gegner nicht stoßen oder foulen. Er sucht nach der nächsten Abspielmöglichkeit und passt den Ball mit einem Innenseitstoß zu einem Mitspieler.

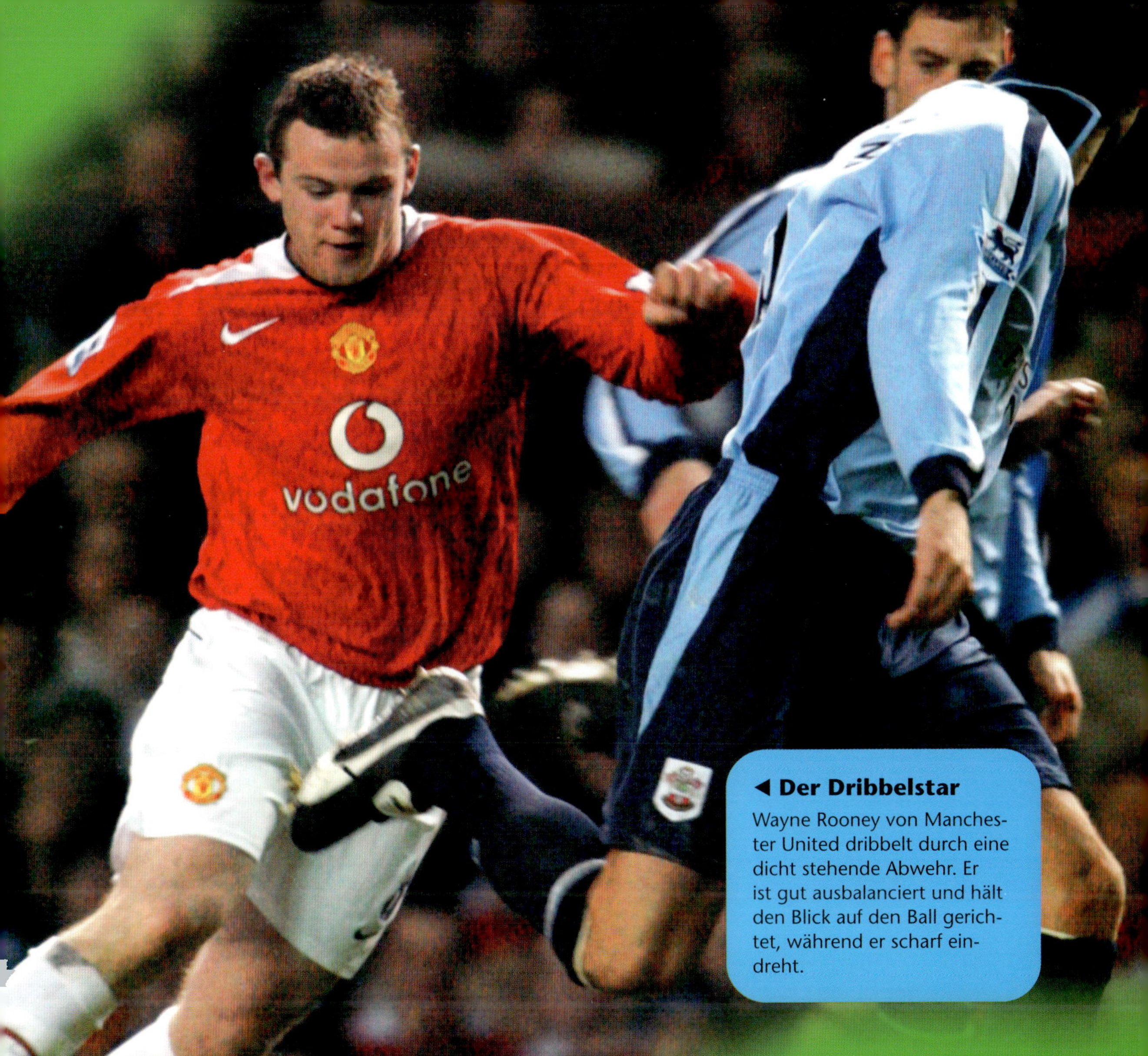

◀ Der Dribbelstar

Wayne Rooney von Manchester United dribbelt durch eine dicht stehende Abwehr. Er ist gut ausbalanciert und hält den Blick auf den Ball gerichtet, während er scharf eindreht.

Hakenschlagen

Eine Methode, mit der du mit dem Ball eindrehen kannst, ist das Hakenschlagen. Neige dich in die Richtung, in die du eindrehen willst und hake die Außenseite deines Fußes um den Ball. Drehe dich auf deinem Standbein und ziehe den Ball beim Eindrehen mit herum.

Volleyschuss und Torschuss

Ein Bombenschuss aufs Tor ist sinnlos, wenn der Ball danebengeht. In Tornähe kannst du mit einem straffen Innenseitstoß (siehe Seite 15) auf den Kasten schießen. Aus größerer Entfernung versuchst du es am besten mit einem Spannstoß (siehe Seite 16).

Der Volleyschuss

Wird der Ball direkt aus der Luft gekickt, spricht man von einem Volleyschuss. Wende diese Technik an, um mit einem weiten Pass eine gefährliche Situation zu klären oder den Ball kraftvoll aufs Tor zu schießen.

1 Um einen von vorn anfliegenden Ball volley zu schießen, hebst du dein Knie, wenn das Leder herankommt. Dann schwinge dein Bein mit nach unten zeigender Fußspitze.

2 Lass den Ball auf die Schnürung deines Schuhs treffen. Denke daran, den Kopf über dem Ball zu halten.

Der Halbvolley

Von einem Halbvolley spricht man, wenn der Ball getreten wird, kurz nachdem er auf dem Boden aufgekommen ist. Strecke dein Fußgelenk, so dass die Fußspitze auf den Boden zeigt. Halte deinen Oberkörper über dem Ball, damit das Leder nach dem Kicken unten bleibt.

▶ Seitlicher Volleyschuss

Michael Owen führt für seinen Verein Real Madrid einen straffen seitlichen Volleyschuss aus. Er bewegt sein Bein parallel zum Boden, und beobachtet den Ball genau.

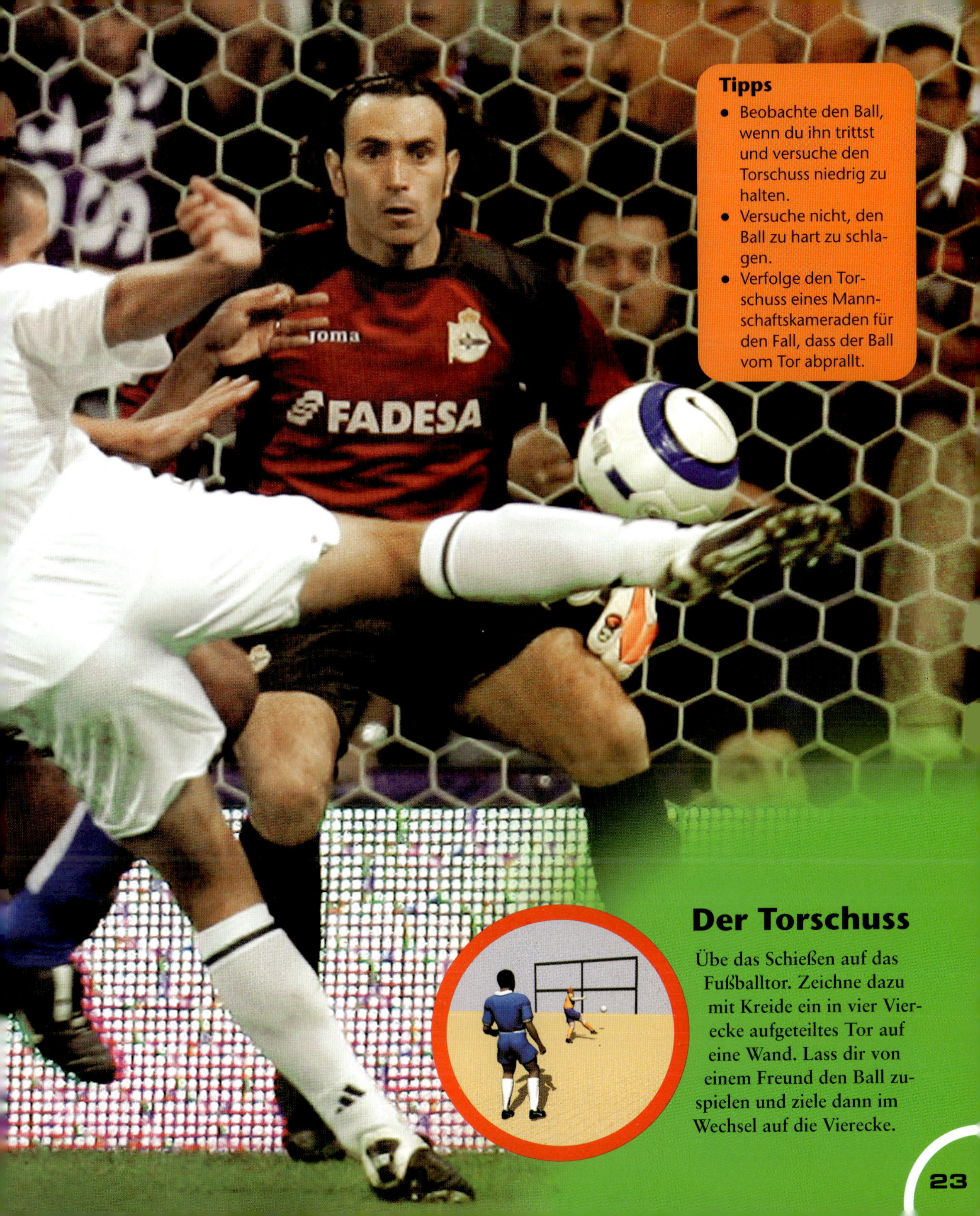

Tipps

- Beobachte den Ball, wenn du ihn trittst und versuche den Torschuss niedrig zu halten.
- Versuche nicht, den Ball zu hart zu schlagen.
- Verfolge den Torschuss eines Mannschaftskameraden für den Fall, dass der Ball vom Tor abprallt.

Der Torschuss

Übe das Schießen auf das Fußballtor. Zeichne dazu mit Kreide ein in vier Vierecke aufgeteiltes Tor auf eine Wand. Lass dir von einem Freund den Ball zuspielen und ziele dann im Wechsel auf die Vierecke.

Kopfstoß

Wendest du beim Kopfstoß die richtige Technik an, kannst du dir nicht wehtun. Hast du Angst davor, übe mit einem weichen Ball, damit du deine Fertigkeit trainierst. Beginne mit Kopfbällen aus dem Stand, setze dabei einen Fuß hinter den anderen und beuge deine Knie. Das verleiht dir eine stabile Körperhaltung.

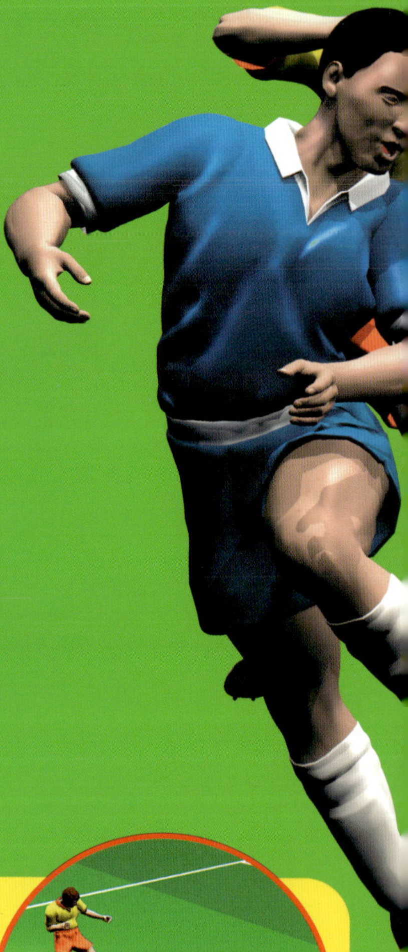

1 Fliegt der Ball heran, ziehe den Oberkörper und den Kopf ein wenig zurück. Halte die Augen offen.

2 Stoße den Kopf nach vorn, um den Ball mit der Stirnmitte zu treffen. Halte deine Nackenmuskeln fest gespannt, damit der Ball weitergeleitet wird.

Nach unten köpfen

Beim Kopfstoß wirst du meist versuchen etwas höher als der Ball zu kommen, um das Leder nach unten zu den Füßen eines Mannschaftskameraden oder ins Tor weiterzuleiten. Übe das Köpfen nach unten nach dem folgenden Kopfstoßtraining. Nach fünf Kopfstößen tauschst du die Position mit deinem Spielpartner.

1 Ein Spieler wirft seinem Partner den Ball in Kopfhöhe zu.

2 Der andere Spieler köpft den Ball nach unten zu den Füßen des Werfers.

Abwehrkopfstoß

Abwehrspieler müssen den Ball häufig mit kräftigem Kopfstoß aus ihrem Strafraum herausspielen. Willst du eine gefährliche Situation klären, springe hoch und köpfe den Ball auf dem höchsten Punkt deines Sprunges weg. Versuche deinem Kopfball viel Weite und Höhe zu geben.

Kopfballtore

Viele Tore werden durch Kopfbälle erzielt, insbesondere bei Eckstößen und Flanken in den Torraum. Dieser Angriffsspieler springt hoch, um seinen Kopf über den Ball zu bekommen. Er dirigiert den Ball nach unten in die Torecke – der Torhüter hat keine Chance.

▸ Kraftvoller Kopfstoß

Damit der Ball mit größtmöglicher Weite und Wucht fliegt, musst du ihn entsprechend kraftvoll köpfen. Hier springt Robbie Keane aus der irischen Nationalmannschaft nach vorn, um den Ball in der Luft zu treffen. Er streckt die Arme nach hinten, damit Nacken und Kopf nach vorn zum Ball schnellen können.

Tackling

Alle Spieler, nicht nur die Abwehrspieler, müssen tackeln, d. h. versuchen dem Gegner den Ball abzunehmen. Tackling-Manöver werden am besten ausgeführt, wenn Mitspieler zum Absichern in der Nähe sind, doch mitunter hast du keine andere Wahl als allein den Gegner vom Ball zu trennen, um einen gegnerischen Torschuss zu vereiteln. Das Tackling erfordert eine tadellose zeitliche Koordinierung. Willst du einem Gegenspieler den Ball abjagen, gehe energisch an die Sache heran. Versuche auf den Beinen zu bleiben. So kannst du den Ball abspielen, wenn du ihn hast, oder zurückrennen, wenn dein Angriff auf das Leder erfolglos ist.

Block-Tackling

Die am häufigsten praktizierte Art ist das Block-Tackling. Dabei blockierst du mit deinem Fuß den Weg des Balls und trennst deinen Gegenspieler energisch, aber fair von der Kugel.

1 Der Spieler in Weiß beugt seine Knie, bereit für den Angriff auf den Ball.

2 Er bringt die Innenseite seines Schuhs in festen Kontakt mit der Ballmitte.

3 Bleibt der Ball stecken, versucht der Spieler ihn wegzurollen oder vom Fuß des Gegners wegzuschnippen.

4 Ist der Ball dann frei, läuft der Spieler vom Gegner weg, um den Ball unter seine Kontrolle zu bekommen.

Klären

Mitunter verschafft dir der Sieg bei einem Tackling in deinem Strafraum Zeit zu entscheiden, wem du den Ball zuspielst. Ein anderes Mal bist du plötzlich unter Bedrängnis. Dann musst du die Situation mit einem langen, schnellen Ball klären.

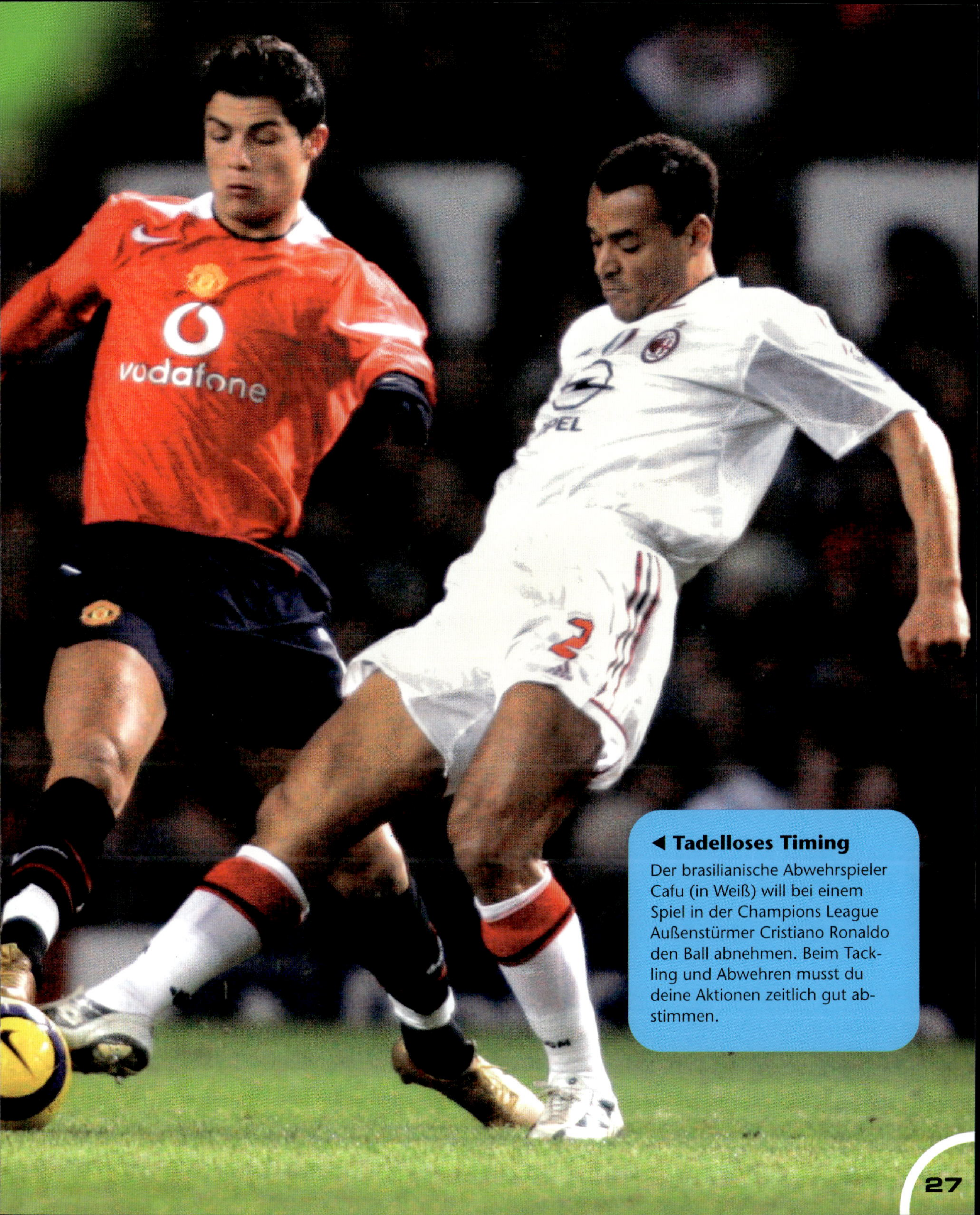

◄ Tadelloses Timing

Der brasilianische Abwehrspieler Cafu (in Weiß) will bei einem Spiel in der Champions League Außenstürmer Cristiano Ronaldo den Ball abnehmen. Beim Tackling und Abwehren musst du deine Aktionen zeitlich gut abstimmen.

Der Torhüter

Torhüter dürfen als einzige Spieler auf dem Fußballfeld den Ball mit der Hand spielen, das allerdings nur innerhalb ihres Strafraumes. Ein Torhüter kann einen Großteil der Spielzeit ohne Gegentor bleiben, wenn er wachsam ist und seine Abwehrspieler ständig anweist und dirigiert. Bei einem Angriff der gegnerischen Mannschaft sollte er mit gespreizten Beinen und gebeugten Knien aktionsbereit auf den Fußballen stehen. Aus dieser Grundstellung kann er sich rasch bewegen – aus dem Tor laufen um den Ball wegzuschießen oder zu fangen oder mit einem Hechtsprung zur Seite den Ball abwehren.

Den Schusswinkel verkürzen

1 Ein Angreifer rennt mit dem Ball auf das Tor zu. Der Torhüter reagiert, indem er die Torlinie verlässt und dem Angreifer entgegenläuft. Er verkürzt den Schusswinkel.

2 Der Torhüter bleibt in aufrechter Haltung, während er sich dem Angreifer nähert. Er versucht den Blick des Angreifers auf das Tor so weit wie möglich zu versperren. Das erschwert einen Torerfolg.

Tipps

- Bringe deinen Körper hinter einen Ball, den du zu stoppen oder zu fangen versuchst.
- Beobachte aufmerksam den Flug des Balles in deine Hände.
- Achte auf das Spiel und gib deinen Mannschaftskameraden Anweisungen.
- Entschließt du dich, den Ball aus dem Getümmel im Strafraum zu holen, mach dich durch lauten Zuruf verständlich und hol dir den Ball.

Den Ball halten

Kommt der Ball flach auf das Tor zu, lass dich auf ein Knie nieder und neige den Oberkörper in Richtung des Balles nach vorn. Fange den Ball und drücke ihn danach an deinen Oberkörper, um ihn festzuhalten.

3 Der Torhüter hechtet vor die Füße des Angreifers zum Ball. Er streckt sich, bekommt den Ball zu fassen und zieht das Leder rasch an seinen Körper.

▶ Sicher gehalten
Torhüter Oliver Kahn fängt einen Ball hoch über seinem Kopf. Um das Leder wirklich festzuhalten, hat er die Hände beiderseits hinter den Ball gelegt.

Tolle Paraden

Mitunter muss ein Torhüter in einer spektakulären Aktion quer durch das Tor nach dem Ball hechten. Torhüter fangen das Leder nach Möglichkeit; ist der Ball nicht zu halten, versuchen sie ihn über die Querlatte oder um den Pfosten herum zu lenken. In einem unübersichtlichen Strafraum kann der Torhüter den Ball auch aus der Gefahrenzone heraus fausten.

▲ Mutige Aktion

Torhüter müssen stets bereit sein ihre Torlinie zu verlassen, um einen Angreifer zu stoppen. Außerdem müssen sie Mut haben. Hier hechtet Petr Cech vor die Füße eines Angreifers um den Ball zu fangen.

Den Ball im Hechtsprung fangen

1 Der Torhüter steht auf den Fußballen und setzt zur Bewegung quer durch das Tor an.

2 Er stößt sich von einem Fuß zum Hechtsprung nach links ab. Er versucht den Blick zum Ball zu halten.

3 Er streckt die Arme aus und bekommt die Hände mit gespreizten Fingern hinter den Ball.

4 Er zieht den Ball an seine Brust und hält ihn fest, damit das Leder bei der Landung nicht wegspringt.

◀ Handabwurf

Die norwegische Torhüterin Bente Nordby hat eine frei stehende Mannschaftskameradin entdeckt und rollt ihr den Ball mit der Hand zu. Hat sie den Ball losgelassen, schwingt ihr Arm in Zielrichtung durch.

Zurück ins Spiel

Nachdem der Torhüter den Ball gehalten hat, muss er das Leder innerhalb von sechs Sekunden wieder abgeben. Ein weiter Schuss oder ein schneller Abwurf zu einem frei stehenden Mitspieler kann einen Angriff auf das gegnerische Tor einleiten. Wegen der Rückpassregel müssen Torhüter auch einen rollenden Ball gut kicken können. Passt nämlich ein Mitspieler den Ball mit dem Fuß zum Torhüter zurück, darf der Keeper den Ball nicht mit den Händen aufnehmen, sondern muss ihn wegköpfen oder wegschießen.

Angriffsspiel

Fußballmannschaften spielen nach vielen verschiedenen Angriffsmethoden. Sie können schnell von der Abwehr in den Angriff übergehen, indem ein Spieler den Ball gewinnt und einen langen Pass zu einem Stürmer spielt, der im Angriff geblieben ist. Die Spieler können den Ball in den Strafraum flanken oder das Leder über die Gegenspieler hinweg in einen freien Raum heben. Sie können einen Angriff auch nach und nach mit vielen kurzen Pässen aufbauen.

Flanken

Eine Flanke ist ein Pass, der von außen weit in den Strafraum hinein gespielt wird. Stelle fest, wo deine Mannschaftskameraden stehen und spiele dann den Ball mit großer Schärfe. Dieser Angreifer flankt einen hohen Flugball (siehe Seite 16) auf den Kopf eines Mannschaftskameraden am Tor.

Heber

Ein Heber ist ein Pass oder Schuss mit steil nach oben verlaufender Flugbahn. Damit kannst du den Ball über den Kopf eines Abwehrspielers hinweg zu einem frei stehenden Mannschaftskameraden spielen. Mit einem Heber kannst du auch einen Torhüter überlisten, der weit vor seiner Torlinie steht.

1 Um einen Heber zu spielen, musst du den Ball unten treffen.

2 Stelle den Ballkontakt mit einem kräftigen Stoß deines Fußes nach unten her.

3 Dein Spielbein schwingt nur kurz durch. Der Ball muss steil in die Luft steigen.

Spielen und überlaufen

In manchen Angriffssituationen musst du einen Abwehrspieler nicht durch Dribbeln, sondern durch eine Ballabgabe an dich selbst umgehen. Das nennt man spielen und überlaufen. Spiele den Ball gezielt über den Abwehrspieler hinaus. Sobald der Ball von deinem Schuh losfliegt, sprinte hinterher und hol ihn dir wieder.

▼ Schnelle Ballkontrolle

Thierry Henry von Arsenal London nutzt seinen schnellen Antritt, um den Ball wegzustoßen und an einem Abwehrspieler vorbeizusprinten. Er hat sich den Ball nur so weit vorgespielt, dass er ihn rasch wieder unter seine Kontrolle bekommt.

Die Abwehrreihen öffnen

Im und rund um den gegnerischen Strafraum geht es häufig turbulent zu. Man findet kaum freie Räume, und du wirst vielleicht von einem Spieler der anderen Mannschaft eng gedeckt. Rennst du auf das Tor zu, dann ändere unvermittelt deine Richtung und laufe dich an deinem Bewacher vorbei schnell für einen Pass frei. Hier ein Tipp: Neige deinen Körper und mache einen Schritt in eine Richtung, dreh dich dann auf einem Fuß und lauf mit schnellem Antritt in die andere Richtung davon.

Freiraum eröffnen

Du kannst einem angreifenden Mannschaftskameraden Freiraum schaffen, indem du in eine bestimmte Richtung läufst und deine Deckung (deinen Gegenspieler) mitlockst. Hier ist Spieler 1 nach links gesprintet. Dadurch ist eine Lücke entstanden, in die Spieler 2 laufen wird, um einen Pass anzunehmen.

Balldeckung

Du kannst die volle Breite des Spielfelds nutzen, um zusätzlich Räume für einen Angriff zu schaffen. Ein Angriffsspieler, der an der Seitenlinie vor dem Ball herläuft, sorgt für eine Balldeckung.

1 Der Angriffsspieler befindet sich unweit des Spielfeldrandes. Da er in die Nähe des Abwehrspielers in Rot kommt, passt er den Ball an einen Mannschaftskameraden.

2 Der Abwehrspieler kann nicht auf Ball und Passgeber gleichzeitig reagieren. Das erlaubt dem Angriffsspieler, an der Linie nach vorn zu laufen.

3 Der Angriffsspieler nimmt einen Rückpass an. Er kann nun flanken oder mit dem Ball in Richtung Tor laufen.

Hackentrick

In einem unübersichtlichen Strafraum kannst du deine Gegner manchmal mit dem Hackentrick täuschen und einem Mitspieler einen Torschuss ermöglichen. Du musst dazu mit der Ferse oder der Sohle deines Schuhs die Ballmitte treffen.

Steilpass

Ein Steilpass ist ein Angriffspass hinter die gegnerische Abwehr. Hier hat Spieler 1 den Ball vor Spieler 2 (den Annehmer) gekickt, dass dieser auf den Ball zu laufen kann. Ein Steilpass muss mit der richtigen Geschwindigkeit gekickt werden, damit der annehmende Mitspieler ihn auch erreichen kann.

Tipps

- Eine gute Methode einen Angriff zu eröffnen ist das schnelle Zuspiel zwischen Spielern, bei dem es möglichst wenig Ballkontakte gibt. Übe mit deinen Freunden das Passen mit ein und zwei Kontakten.
- Hat deine Mannschaft auf das Tor geschossen, folge dem Ball. Sei wachsam, denn der Ball könnte in deine Richtung abprallen.
- Habe keine Angst auf das Tor zu schießen, wenn du im Strafraum bist und keine bessere Möglichkeit siehst.

Abwehrspiel

Das Abwehrspiel mag vielleicht nicht so spannend wie das Angriffsspiel und das Toreschießen sein, doch es ist nicht weniger wichtig. Verliert deine Mannschaft den Ball, muss das ganze Team auf Abwehr umschalten, um einen gegnerischen Torerfolg zu verhindern und den Ball zurückzugewinnen. Versuche zwischen den Ball und dein Tor zu gelangen und den freien Raum zu besetzen, in den die andere Mannschaft vielleicht ihren Angriff vortragen will. Du musst deine Gegner bei ihren Angriffsbewegungen bewachen und decken.

Abfangen

Sämtliche Spieler müssen mit großem Einsatz spielen, um den Ball für ihre Mannschaft zurückzugewinnen. Dieser aufmerksame Stürmer (in Blau) hat einen schwachen Pass erkannt und den Ball abgefangen.

◀ Zwei gegen einen

Zwei Abwehrspieler von Sparta Prag attackieren Sydney Govou von Olympique Lyon. Ein Verteidiger bleibt zur Unterstützung bei seinem Mannschaftskameraden (rechts), während dieser ein Tackling vorbereitet.

Aktives Verzögern

Einen ballführenden Spieler mit hinhaltendem Widerstand anzugreifen nennt man aktives Verzögern. Laufe auf 1–2 Meter an einen Gegner heran. Stelle dich auf deine Fußballen, beuge die Knie und halte dich mit abgespreizten Armen im Gleichgewicht. Versuche zwischen deinem Tor und dem gegnerischen Spieler zu bleiben und verlangsame so dessen Aktionen. Kommt ein Mannschaftskamerad hinzu um dich abzusichern, versuche durch Tackeln den Ball zu gewinnen.

▲ Aufhalten

Ein Abwehrspieler (in blauer Hose) hält durch aktives Verzögern einen Angreifer auf, der mit dem Rücken zum Tor steht. Das verschafft der Mannschaft in Gelb-Rot Zeit, ihre Abwehr zu formieren.

Tipps

- Verständige dich mit deinen Mitspielern durch Zuruf und wehrt Angriffe des Gegners gemeinsam ab.
- Stürze dich nicht in ein Tackling, wenn keine Mannschaftskameraden als Sicherung hinter dir sind.
- Greife einen ballführenden Gegner mit hinhaltendem Widerstand an, um ihm möglichst viel Tempo zu nehmen.
- Ist im Spiel Manndeckung angesagt, bleibe stets bei deinem direkten Gegenspieler. Lass dich nicht ablenken.
- Kläre rasch und sicher.

Deckung

Der Abwehrspieler in Blau bei der Manndeckung: Er bleibt dicht an seinem Gegner, der dadurch weniger Zeit und Raum hat den Ball zu gewinnen. Bei der Manndeckung versucht der Abwehrspieler zwischen dem zu deckenden Gegner und dem eigenen Tor zu bleiben.

Taktik

Taktik ist das vor einem Spiel festgelegte Spielverhalten und das Konzept, mit dem eine Mannschaft das Spiel gewinnen will. Zur Taktik gehört das Anwenden bestimmter Spielzüge – beispielsweise Eckstöße und Freistöße, die im Training geübt werden – oder das Decken eines besonders gefährlichen Gegners während des gesamten Spiels. Der Trainer kann eine Taktik, die sich als ungünstig erweist, im Verlauf des Spiels ändern.

Spielsystem 4-4-2

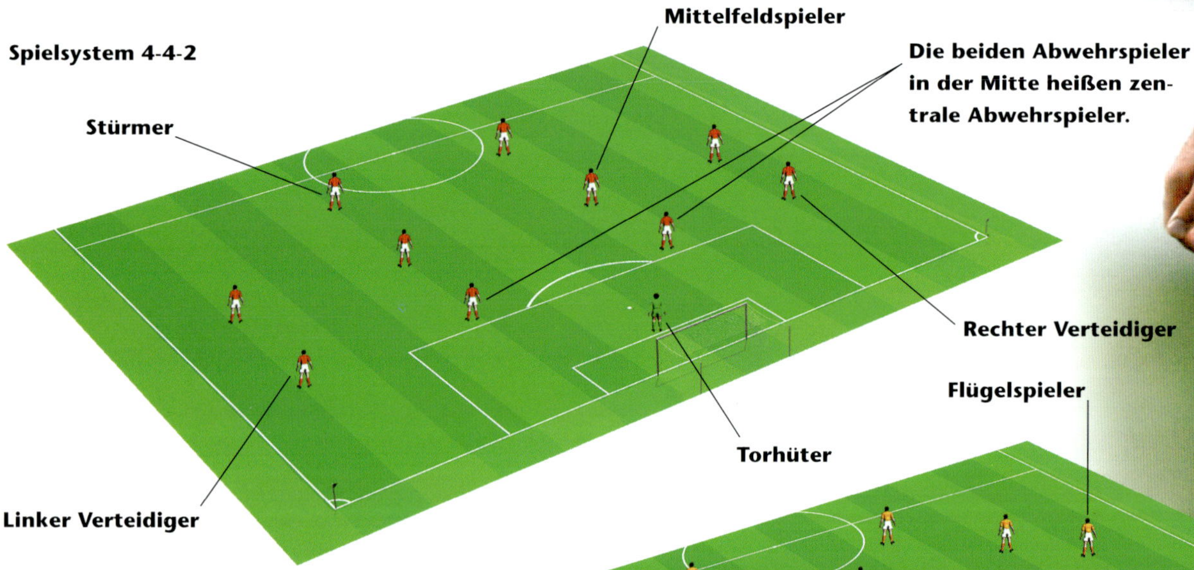

Spielsysteme

Die Aufstellung der Mannschaft in einer bestimmten Grundordnung nennt man Spielsystem. Dieses System drückt man in der Regel mit drei Ziffern – Anzahl der Abwehr-, der Mittelfeld- und der Angriffsspieler – aus. Im System 4-4-2 gibt es zwei Reihen mit vier Abwehr- bzw. Mittelfeldspielern und zwei Stürmer. Die am weitesten links bzw. rechts stehenden Mittelfeldspieler im System 3-5-2 werden Flügelspieler genannt. Sie müssen als defensive wie auch als offensive Mittelfeldspieler agieren.

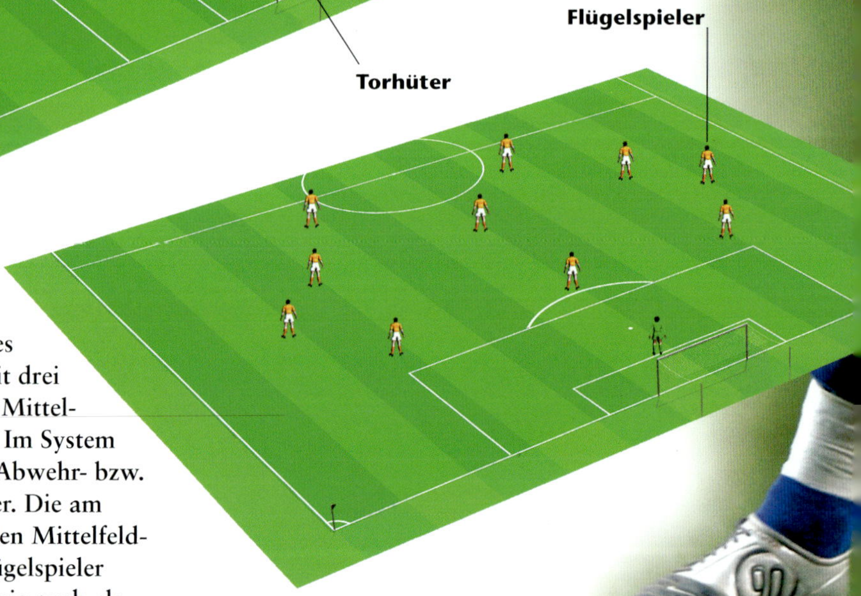

Spielsystem 3-5-2

Rauten-formation

Eine Taktik, die Trainer mitunter im Mittelfeld einsetzen, ist das Spiel in der Rautenformation. Dabei sind die vier Mittelfeldspieler nicht über das Fußballfeld verteilt, sondern spielen im Viereck. Der Spieler am vorderen Punkt der Raute muss ein guter Angriffsspieler sein.

◀ Mittelfeldregisseur

Der Niederländer Edgar Davids (in Orange) wehrt einen Angriff des Finnen Shefki Kuqi ab. Davids agiert häufig als Mittelfeldregisseur, indem er den Ball für seine Mannschaft erobert und das Spiel kontrolliert.

Einwurf und Eckstoß

Geht der Ball ins Aus, zeigt der Schiedsrichter einen Einwurf, einen Eckstoß oder einen Abstoß vom Tor an. Auf Einwurf wird entschieden, wenn der Ball über die Seitenlinie ins Aus geht. Führst du einen Einwurf aus, müssen beide Füße hinter der Seitenlinie auf dem Boden stehen und beide Hände am Ball sein. Eckstöße werden gegeben, wenn der Ball über die Torlinie ins Aus geht und die abwehrende Mannschaft ihn zuletzt berührt hat.

◀ Handhaltung
Lege deine Hände um die Rückseite und die Seiten des Balls, so dass sich die Daumen fast berühren. So hast du den Ball gut im Griff.

Der Einwurf

Führst du einen Einwurf aus, bringe den Ball hinter deinen Kopf, beuge dann den Rücken und lass deine Arme nach vorn schnellen. Lass den Ball los, kurz bevor die Arme über den Kopf kommen.

▶ Rückpass
Hast du einen Einwurf ausgeführt, geh sofort zurück auf das Spielfeld, falls der Ballannehmer das Leder direkt an dich zurückspielt.

Eckstöße

Dieser Spieler will einen Eckstoß in den Torraum ausführen. Trittst du einen Eckstoß, achte darauf, dass du gut ausbalanciert auf dem Standbein stehst und mit dem Fuß des Spielbeins die Ballmitte triffst. Dein Spielbein sollte quer zu deinem Körper durchschwingen.

Tipps

- Führst du einen Eckstoß aus, fasse ein Ziel knapp über Kopfhöhe ins Auge.
- Achte darauf, dass du richtig ausbalanciert auf dem Fuß des Standbeins stehst.
- Schlage den Ball so hart, dass er bis in den Strafraum kommt.
- Überrasche deine Gegner, indem du hin und wieder auch einen kurzen Eckball trittst.

Eckstoßvarianten

Bei einem Eckstoß erwarten die Angriffsspieler einen Ball, der hoch in den Torraum geflankt wird. Visierst du bei deinem Eckstoß den vorderen Pfosten (gelber Pfeil) an, kann ein Angriffsspieler den Ball mit dem Kopf verlängern. Zielst du auf die Torraummitte (roter Pfeil), kann ein Angriffsspieler einen Volleyschuss aufs Tor ausführen.

Freistoß

Pfeift der Schiedsrichter ein Abseits, einen Regelverstoß beim Tackling oder eine andere Art Foulspiel, erkennt er in der Regel auf einen Freistoß für die benachteiligte Mannschaft. Der Ball muss auf dem Spielfeld ruhen und die gegnerischen Spieler müssen 9,15 m zurückgehen. Es gibt zwei Arten des Freistoßes.

Signal für einen indirekten Freistoß

Signal für einen direkten Freistoß

◀ Direkt oder indirekt

Mit einem direkten Freistoß kannst du ein Tor schießen. Bei einem indirekten Freistoß musst du den Ball zu einem Mannschaftskameraden spielen.

Freistoß aufs Tor

Freistöße vor dem gegnerischen Tor oder in dessen unmittelbarer Nähe bieten deiner Mannschaft die Chance auf einen Torerfolg. Zum Abblocken eines direkten Schusses auf das Tor bilden die gegnerischen Abwehrspieler oftmals eine Mauer. Du musst eine Möglichkeit finden, den Ball um die Mauer zu drehen.

Technisch versierte Spieler können versuchen, den Ball in einem Bogen um oder über die Mauer zu zirkeln.

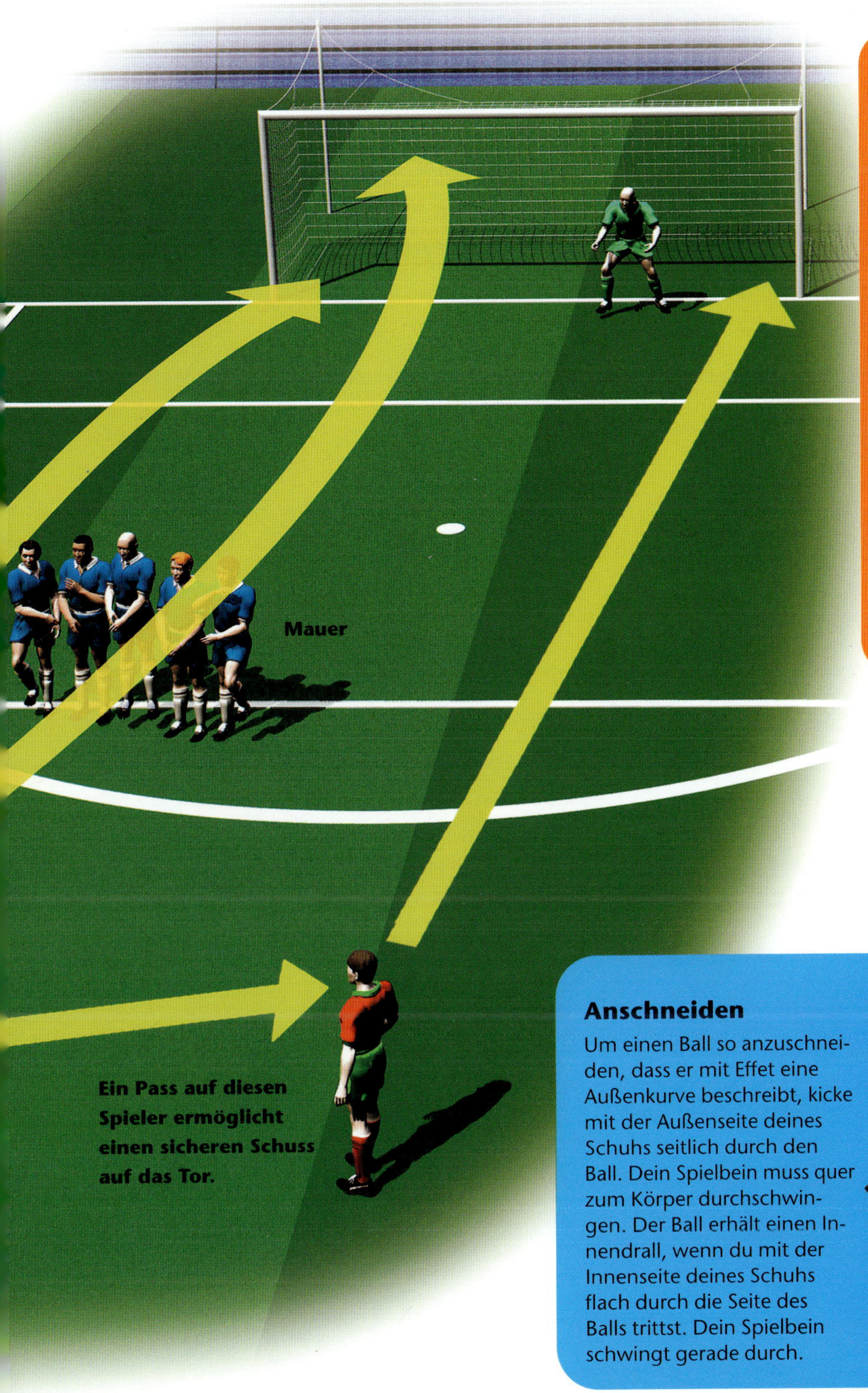

Tipps

- Führst du einen Freistoß im Mittelfeld aus, kannst du mit einem kurzen, schnellen Pass oftmals einen Mannschaftskameraden freispielen.
- Versuche bei großer Torentfernung nicht, einen Freistoß zu verwandeln. Spiele stattdessen einen Pass oder flanke den Ball in den Strafraum.
- Variiere deine Freistöße im Verlauf des Spiels. Das macht dich für den Gegner unberechenbar.

Anschneiden

Um einen Ball so anzuschneiden, dass er mit Effet eine Außenkurve beschreibt, kicke mit der Außenseite deines Schuhs seitlich durch den Ball. Dein Spielbein muss quer zum Körper durchschwingen. Der Ball erhält einen Innendrall, wenn du mit der Innenseite deines Schuhs flach durch die Seite des Balls trittst. Dein Spielbein schwingt gerade durch.

Strafstoß

Bei absichtlichem Handspiel oder bei einem groben Foul im Strafraum entscheidet der Schiedsrichter auf einen Schuss aufs Tor, den man Strafstoß oder auch Elfmeter nennt. In den spannungsgeladenen Augenblicken bis zum Torschuss dürfen sich im Strafraum nur der Torhüter und der Strafstoßschütze aufhalten. Die Mannschaftskameraden stehen jedoch rund um die Strafraumgrenze bereit, um einzugreifen, falls der Ball vom Torhüter, vom Pfosten oder von der Querlatte abprallt.

Strafstoß ausführen

1 Denke positiv, ehe du antrittst um einen Strafstoß auszuführen. Entscheide, wohin du den Ball schießen willst. Dann nimm Anlauf und behalte dabei das Leder, nicht den Torhüter im Auge.

2 Halte deinen Kopf unten und den Körper im Gleichgewicht, während du den Ball trittst. Dieser Spieler versucht den Torhüter mit einer Blickfinte auszutricksen, indem er die Schussrichtung nach rechts antäuscht, tatsächlich aber nach links zielt.

3 Der Strafstoßschütze bringt den Ball mit einem straffen Innenseitstoß in die linke untere Torecke. Er hat den Torhüter überlistet, der nach der falschen Seite gehechtet ist. Tooor!

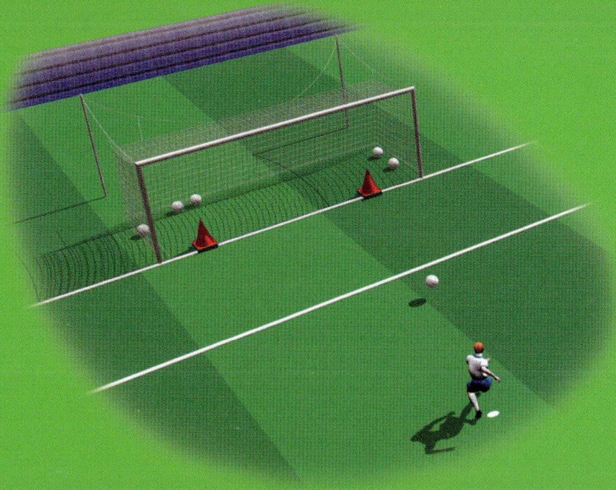

Strafstoßtraining

Ziele beim Strafstoßtraining zwischen die Torpfosten und zwei Hütchen. Tritt den Ball flach, wenn du noch keine Erfahrung als Elfmeterschütze hast. Die unterschiedlichen Spieler treten Strafstöße auf unterschiedliche Weise. Einige donnern den Ball möglichst hart aufs Tor, andere wählen einen straffen Innenseitstoß, um den Ball genauer zu platzieren.

▼ Elfmeterschießen

Manche Spiele mit unentschiedenem Ausgang werden durch ein Elfmeterschießen entschieden. Hier ist Dida, der Torhüter des AC Mailand, beim Endspiel der Champions League 2003 bei einer Parade zu sehen.

Tipps

- Bevor du einen Elfmeter trittst, entscheide dich, wie und wo du ihn schießen willst.
- Entspanne dich und denke nur daran, dass dein Schuss ins Tor geht. Ziele auf eine der Torecken.
- Geht der Strafstoß daneben, mach dir deswegen keine Sorgen. Streiche den Fehlschuss aus deinem Gedächtnis und spiele weiter. Denke daran, dass selbst die großartigsten Spieler Elfmeter verschießen.

Glossar

Abschirmen Ein Spieler bringt seinen Körper zwischen den Ball und einen gegnerischen Spieler, um den Ball zu sichern.

Abstoß Ist der Ball über die Torlinie ins Aus gegangen, wird zur Fortsetzung des Spiels der Ball von einem Punkt innerhalb des Torraums gekickt.

Aktives Verzögern Einen gegnerischen Spieler mit hinhaltendem Widerstand angreifen und dessen Zuspiel zu einem weiteren Gegner abblocken.

Anstoß Spielzug vom Mittelpunkt aus, mit dem das Spiel nach einem Torerfolg fortgesetzt oder zu Beginn einer Halbzeit eröffnet wird.

Ballannahme Die Fluggeschwindigkeit eines Balles mit einem Teil deines Körpers verlangsamen (um den Ball unter Kontrolle zu bekommen).

Direkter Freistoß Wird bei einem Regelverstoß der behinderten Mannschaft zugesprochen und kann direkt auf das Tor geschossen werden.

Doppelpass Passkombination, bei der zwei Spieler den Ball an der gegnerischen Abwehr vorbeispielen; auch Wandspiel genannt.

Dribbeln Ballführung eng am Fuß mit kurzen Stößen.

Einwurf Einwerfen des Balls zurück auf das Spielfeld, nachdem der Ball ins Seitenaus gegangen ist. Der Ball muss von der Stelle eingeworfen werden, an der er über die Seitenlinie gerollt oder geflogen ist.

Elfmeterschießen Bei bestimmten Wettbewerben eine Methode zur Entscheidung eines unentschieden ausgegangenen Spiels. Dabei bestimmt jede Mannschaft fünf Spieler, die je einen Elfmeter ausführen. Ist der Spielstand nach zehn Elfmeterschüssen noch immer unentschieden, treten weitere Spieler als Schützen an, bis ein Spieler neben das Tor schießt oder ein Elfmeter vom Torwart gehalten wird.

Ermahnung Aufforderung des Schiedsrichters an einen Spieler, fair zu spielen; Vorstufe der Verwarnung.

Fintieren Antäuschen eines Spielzuges mit den verschiedensten Mitteln zum Überlisten des Gegners.

Flanke Ball, der von der Seitenlinie ins Mittelfeld, in der Regel in den gegnerischen Strafraum geschlagen wird.

Foul Verstoß eines Spielers gegen eine der Fußballregeln.

Halbzeitpause In der Regel 15 Minuten lange Spielpause zwischen der ersten und der zweiten Halbzeit eines Fußballspiels.

Handspiel Regelverstoß, bei dem ein Spieler den Ball mit den Händen oder Armen berührt.

Heber Pass, der von einem Spieler steil nach oben zu einem Mannschaftskameraden oder auf das Tor gespielt wird.

Indirekter Freistoß Wird bei einem Regelverstoß der behinderten Mannschaft zugesprochen, kann nicht direkt auf das Tor geschossen werden.

Klären Den Ball mit dem Fuß oder dem Kopf aus dem Strafraum, d. h. aus der Gefahrenzone bringen.

Manndeckung Einen Gegenspieler bewachen, um zu verhindern, dass dieser in den Besitz des Balles kommt.

Mauer Dicht nebeneinander in einer Linie stehende Abwehrspieler, die bei einem Freistoß ihr Tor schützen.

Schiedsrichterassistenten Ausgebildete Fußballschiedsrichter, die den Schiedsrichter bei der Leitung des Spiels unterstützen; auch Linienrichter genannt.

Schusswinkel verkürzen Bewegung des Torhüters in Richtung eines Angreifers, damit der Gegner weniger vom Tor sieht und sein Ziel verkleinert wird.

Spann Oberseite eines Fußballschuhs, an der der Schuh geschnürt wird.

Spielsystem Grundordnung, in der sich die Spieler einer Mannschaft auf dem Spielfeld aufstellen.

Steilpass Pass eines Spielers der angreifenden Mannschaft, der hinter einem Abwehrspieler an einen Mannschaftskameraden abgegeben wird.

Tackling Einem gegnerischen Spieler den Ball mit den Füßen abnehmen.

Taktik Geplantes Spielverhalten, mit dem die gegnerische Mannschaft überlistet und besiegt werden soll.

Volleyschuss Direkt aus der Luft gekickter Ball.

Vorteil Bei einem Foul unterbricht der Schiedsrichter das Spiel nicht, wenn die Mannschaft, gegen die sich der Regelverstoß richtete, aus dem Fortgang des Spiels einen Vorteil ziehen kann.

Bücher

Fußball-WM-Edition (1930 bis 2006) – Die große WM-Buchreihe

Jetzt erstmals in einer Edition:
Alles rund um die Fußball-WM von 1930 bis 2006! Begleiten Sie die größten Fußballer der Welt! Angefangen bei sensationellen Torschüssen über große menschliche Gesten bis hin zur ausführlichen Spiel-Statistik der gesamten WM-Geschichte.

Jeder Band ein Dokument der Extraklasse!

- großzügiges Bildbandformat von 21 x 29 cm
- hochwertige Hardcover-Ausstattung
- jeder Band mit rund 96 Seiten
- mehr als 200 brillante Fotos und Illustrationen
- die Highlights der WM-Historie von 1930 bis 2006!
- mit jetzt erstmals veröffentlichten Bildern der WM 1954 und 1974

Übersichtlich geordnet in sechs Rubriken:

- Portrait
- WM-Spieler von A–Z
- Statistik
- Hintergrund
- Turnier
- Deutsche Nationalmannschaft

Nähere Infos unter:
www.wm-edition.info oder
www.sammelwerke.de

Websites

www.fussball21.de
Fußball in Deutschland im 21. Jahrhundert, Förderung des Jugendfußballs, Auskünfte zu allen Themen rund um den Jugendfußball, Startipps, Ballschule, Trainerbank, Elternratgeber u. a. Rubriken.

www.erkan-yilmaz.de
Techniktraining, Ziele und Phasen, Bewegungsformen, Merkmale der Techniken.

www.dfb.de
Erklärungen, Erläuterungen und Illustrationen zu den Fußballregeln; die Regeln für das Spielen in der Halle.

www.soccerdrills.de
Animierte Übungen für das Fußballtraining.